English Grammar

ビジュアル英文法

黒川 裕一

南雲堂
NAN'UN-DO

English Grammar
ビジュアル英文法

Copyright © 2015

by

Yuichi Kurokawa

All Rights Reserved.
No part of this book may be reproduced in any form without written permission from the author and Nan'un-do Co., Ltd.

はしがき

「英語ができるようになりたかったら，文法が大事」といわれます。しかし，そもそも，文法力とは何でしょうか。私は，英語を初めて習った中学1年生の頃から，ずっと疑問を抱いていました。そして，大人になってからも長年考え抜いて，ようやく結論に達しました。「英語をネイティブスピーカーと同じ速さと正確さで読めれば，十分に文法が身についたといってよい」と。

では，ネイティブスピーカーと同じ速さと正確さで英文を読めているかどうかは，どうすれば確認できるでしょうか。「**目に見えるようにビジュアル化すればよい**」というのが，私の行き着いた答えです。例えば，主語に◯，動詞に□といった具合に，文法的な視点から英文に印をつけていくのです。これを，私は「**マーキング**」と読んでいます。

マークはたった**14種類**しかありません。つけ方の**ルールが明快**ですので，誰でも必ずできるようになります。英語を苦手にしている学生でも，手を動かして繰り返しマーキングしているうちに，コツが体で分かってきます。

文法は，頭で学ぶものではなく，**体で文字通り，「身につける」**ものです。そのためには，**シンプル**，かつ**徹底的にビジュアル化するのが最適**です。ビジュアル化の習慣づけによって，文法力がアップすることを心から願っています。

著者　黒川裕一

📖 本書の効果的な使い方 📖

◆ 本書は，英文法の基本的事項を網羅する20のチャプターで構成されています。英文法全体を5段階に整理し，それに基づいて，第1段階から順次第5段階まで進むようになっています。

◆ 最も重要なのは，初めは間違えても構わないので，常に全速力でマーキングを行うことです。すると，手が文法を覚え，「考える前に答えが見える」ようになってきます。

◆「語数÷3秒」で全てのマーキングを終え，全問正解すれば合格です。これを目指してがんばってください。（「語数÷3秒」は，ネイティブスピーカーが自然な速度で英文を読んだときの所要時間です）

◆ 各チャプターは，解説と4種類のエクササイズから成っていますが，その中でも大切なのは，英文にマーキングを施すSTEP 1ですので，最優先で取り組んでください。なお，そのチャプターまでにすでに学んだマークは全てつけるようにしてください。

目　次

はしがき 3

マーキング一覧 6

Chapter 1 　**主語動詞**：英文法の第1段階（主語＋動詞＋ピリオド），第2段階（文の種類まで） 8

Chapter 2 　**時制**：単純時制，進行時制，完了時制 10

Chapter 3 　**助動詞**：動詞にニュアンスを加える 12

Chapter 4 　**受動態**：第2段階の4つのツールを自在に組み合せるところまで 14

Chapter 5 　**冠詞**：冠詞の基本から冠詞の位置と省略まで 16

Chapter 6 　**代名詞①**：総論，人称代名詞，指示代名詞 18

Chapter 7 　**代名詞②**：疑問代名詞，不定代名詞 20

Chapter 8 　**準動詞①**：to 不定詞（未来分詞）〜英文法の第3段階イントロ 22

Chapter 9 　**準動詞②**：現在分詞 24

Chapter 10 　**準動詞③**：過去分詞 26

Chapter 11 　**準動詞④**：原形不定詞（事実分詞） 28

Chapter 12 　**接続詞**：等位接続詞と従属接続詞〜英文法の第4段階イントロ 30

Chapter 13 　**比較**：原級，比較級，最上級 32

Chapter 14 　**疑問詞節**：if, whether によって導かれる節まで 34

Chapter 15 　**that節**：基本的な名詞節および副詞節から強調構文まで 36

Chapter 16 　**関係詞節①**：関係詞の基本的用法 38

Chapter 17 　**関係詞節②**：関係詞の応用 40

Chapter 18 　**省略と挿入**：省略，挿入，倒置，反語（修辞疑問）〜英文法の第5段階イントロ .. 42

Chapter 19 　**仮定法**：仮定法過去＆過去完了，仮定法現在＆未来，注意すべき構文 44

Chapter 20 　**時制の一致**：主節と従属節の時制に関する原則および例外的な場合 46

マーキング一覧

	マーキング	実　例
1	主語に◯をつける。	(I) talk. （私たちは話す）
2	動詞に□をつける。	We talk. （私たちは話す）
3	準動詞に▽をつける。	I want you to go. （私はあなたに行ってほしい）
4	準動詞の動作主に△をつける。	I want you to go. （私はあなたに行ってほしい）
5	等位接続詞にアンダーライン＿＿を引く。	[I go] and [you stay]. （私は行き，あなたは残る） ※☆も必要。（9 を参照）
6	等位接続詞で結ばれる節を大かっこ[ ]でくくる。	[I go] and [you stay]. （私は行き，あなたは残る） ※☆も必要。（9 を参照）
7	従属節を導く語に二重線＿＿でアンダーラインを引く。	I skipped the English class yesterday (because I was tired). （疲れていたので，私は昨日英語のクラスをさぼった）
8	従属節を小かっこ( )でくくる。	I skipped the English class yesterday (because I was tired). （疲れていたので，私は昨日英語のクラスをさぼった）
9	主節の◯□の上に☆をつける。	I skipped the English class yesterday (because I was tired). （疲れていたので，私は昨日英語のクラスをさぼった）
10	助動詞及び動詞の否定語に波線〜〜を引く。	We must talk. （私たちは話さねばならない）
11	先行詞と関係詞を弧⌒で結ぶ。	I know a boy (whose father is a lawyer). （私は父親が弁護士である男の子をひとり知っている）
12	名詞と同格の that をカギ⌐で結ぶ。	I heard a rumor (that Jason wasn't in town anymore). （私は Jason がもうこの町にいないという噂を聞いた）
13	仮定法の助動詞に二重波線〜〜を引く。	(If I had time), I would go with you. （時間があったら，あなたと一緒に行くのですが）
14	仮定法の動詞に二重四角▢のマークをつける。	(If I had time), I would go with you. （時間があったら，あなたと一緒に行くのですが）

Chapter 1

主語動詞：
英文法の第1段階（主語＋動詞＋ピリオド），第2段階（文の種類まで）

> 記号は「マーキング一覧」を参照

> (A) **I am** a student.（私は学生だ）
> (B) **Do you study** English every day?（あなたは毎日英語を勉強しますか？）
> (C) **He doesn't like** Linda.（彼は Linda を好きではない）

1. 英文法の第1段階〜◯（主語）＋□（動詞）＋ピリオド
   - (ア) ピリオドから次のピリオドまでを一文（ワンセンテンス）といいます。
   - (イ) 「◯（主語）＋□（動詞）＋ピリオド」，すなわち「ワンセンテンスに◯と□が1つずつ」が，英文法の第1のルールです。2つ以上になる場合には，必ず何らかのサインを文中に入れて示します。（第4段階で学びますが，このサインを「接続詞」と呼びます）

2. 英文法の第2段階〜□の操作
   - (ア) ◯（主語）と□（動詞）は英文の背骨です。よって，第2段階では，□を操作して英文のニュアンスを変える方法を学びます。
   - (イ) □の操作の仕方は，全部で4種類あります。（文の種類，時制，助動詞，態）
   - (ウ) 文の種類には，平叙文（肯定文と否定文），疑問文，命令文があります。
   - (エ) □（動詞）には，「be 動詞（ある／である）」と「一般動詞（〜する）」があります。このように分類するのは，文の種類をかえる時の「形」が，be 動詞だけ異なるからです。

	be 動詞	一般動詞	
肯定文	You are nice.（あなたは親切だ）	You go.（あなたは行く）	He goes.（彼は行く）
否定文	You are not nice.	You don't go.	He doesn't go.
疑問文	Are you nice?	Do you go?	Does he go?
命令文	Be nice.	Go.	Go.

   - (オ) マーキング：主語に◯，動詞に□をつけます。また，動詞を操作するもの（否定語 not，助動詞 do, does）には波線＿＿を引きます。

> 語数：42語　目標：14秒（　　　）

STEP1　主語（◯），動詞（□），否定語及び助動詞（＿＿）を含む以下の例文にマーキングしましょう。

① I am Japanese.（私は日本人だ）

② You are Taiwanese.（あなたは台湾人だ）

③ We are not teachers.（私たちは教師ではない）

④ They are not very tall.（彼らはあまり背が高くない）

⑤ Is Jack tall?（Jack は背が高いですか？）

⑥ You jump very high.（あなたはとても高く跳ぶ）

⑦ She runs very fast.（彼女はとても速く走る）

⑧ They don't study at all.（彼らは全く勉強しない）

⑨ Her father doesn't smoke.（彼女の父はタバコを吸わない）

⑩ Does Ken go to church every Sunday?（Ken は毎週日曜に教会に行きますか？）

STEP2 以下の空欄に単語を補充しましょう。

① 彼の母親は中国出身だ。

His mother（　　　　　　）from China.

② 彼らはこの学校の生徒ではない。

They（　　　　　　）not students of this school.

③ 私はしばしば早朝に散歩する。

I often（　　　　　　）in the early morning.

STEP3 単語を並べ替えて，日本語に合う英文をつくりましょう。

① 昼食の準備はもうできましたか？（yet, ready, for, you, are, lunch）

_____

② Susan は夕食前に毎晩走りますか？（does, run, dinner, every, Susan, before, evening）

_____

③ 私たちは，普段，家に最も近い公園では遊ばない。
（usually, don't, the, we, nearest, play, in, park, to, our, house）

_____

STEP4 主語と動詞に注意して，英作文しましょう。

① あなたのお兄さんは本当にそんなに背が低いのですか？

_____ really that short?

② 彼女はいつも本当のことをいうわけではない。

She _____ me the truth.

③ 彼は滅多にこんなに早く家へ帰って来ない。

He hardly ever _____.

今日のポイント

I.「○（主語）＋□（動詞）＋ピリオド」，すなわち「ワンセンテンスに○と□が1つずつ」が，英文法の第1のルール。［英文法の第1段階］

II. □の操作の仕方は，全部で4種類（文の種類，時制，助動詞，態）。［英文法の第2段階］

III. □（動詞）には，be 動詞（ある／である）と一般動詞（〜する）があります。このように分類するのは，文の種類をかえる時の「形」が be 動詞だけ異なるからです。

Chapter 2

時制：
単純時制，進行時制，完了時制

記号は「マーキング一覧」を参照

(A) I **work** every Friday.（私は毎週金曜に働く）

(B) I **am going** to school.（私は学校に行くところです）

(C) I **have finished** my homework.（私は宿題が済んでいる）

1. 時制とは？
   - (ア) 動詞の表す動作・作用の時間関係を「時制」といい，大別して「単純時制」と「複合時制」があります。
   - (イ) 「単純時制」とは，1つの動詞(助動詞との組み合わせを含む)によって完結する時制であり，現在形，過去形，未来形からなります。
   - (ウ) 「複合時制」とは，1つの動詞に分詞(準動詞)を組み合わせることによって初めて成り立つ時制であり，「進行形」「完了形」からなります。

2. 進行形
   - (ア) 意味：「進行中の動作(今～している)」を核に，継続，習慣，近未来などを表します。上記の例文(B)は，「私は(今)学校に行くところです」と，「今この瞬間に進行中の動作」を表しています。
   - (イ) 形：be動詞の現在形(am, are, is)＋現在分詞(動詞の原型にingをつける)
   - (ウ) マーキング：○□に加えて，現在分詞に▽をつけましょう。(現在分詞については，「準動詞」の項で詳しく学びます)

3. 完了形
   - (ア) 意味：「過去のある時点での行為の結果」を表します。上記の例文(C)は，「(過去のある時点で)宿題が終わった」ではなく，「過去のある時点で宿題を終わらせた結果，今はもう済んでいる」ということを表しています。
   - (イ) 形：have動詞の現在形(have, has)＋過去分詞(動詞の原型にedをつける，もしくは不規則変化)
   - (ウ) マーキング：○□に加えて，過去分詞に▽をつけましょう。

語数：54語　目標：18秒（　　　）

STEP1　現在分詞及び過去分詞(▽)を含む，様々な時制の以下の例文にマーキングしましょう。(これまでに学んだマークは全てマーキングしてください)

① My grandfather comes this afternoon.（私の祖父は今日の午後来る）

② Our train leaves in ten minutes.（私たちの電車は10分で発つ）

③ You are being cruel.（あなた[の言動]は残酷です）

④ They are always playing games.（彼らはいつもゲームで遊んでばかりいる）

⑤ She is still staying here.（彼女はまだここにとどまっている）

⑥ I am going to Mt. Aso again next week.（来週，阿蘇山にまた行く予定です）

⑦ They are watching TV.（彼らはテレビを観ているところです）
⑧ He has been to Osaka.（彼は大阪に行ったことがあります）
⑨ They have moved out.（彼らは，引っ越してしまって，もうここにはいません）
⑩ We have been waiting for her all afternoon.（私たちは，彼女を午後中待ち続けています）

STEP2　以下の空欄に単語を補充しましょう。

① 彼の飛行機は1時間で到着する。
　　His plane（　　　　　　）in an hour.
② 彼女はいつも本を読んでばかりいる。
　　She is always（　　　　　　）books.
③ 彼らはその映画を観たことがある。
　　They have（　　　　　　）that film before.

STEP3　単語を並べ替えて，日本語に合う英文をつくりましょう。

① 私の母は毎朝6時に起きる。(up, six, every, my, at, mother, gets, morning)
　　_____

② 彼らはまだ寝ている。(bed, they, in, still, are, sleeping)
　　_____

③ 彼らは早朝から1日中話し続けている。
　　(talking, have, all, early, day, they, been, since, morning)
　　_____

STEP4　時制に注意して，英作文しましょう。

① 私はまさに家を出ようとするところだ。
　　_____ out of the house.
② 私はまさにこのようなものを食べたことがある。
　　_____ something just like this.
③ 私は英語を3時間勉強し続けている。
　　_____ English for three hours.

✐ 今日のポイント

I. 「単純時制」とは，1つの動詞(助動詞との組み合わせを含む)によって完結する時制であり，現在形，過去形，未来形からなります。
II. 「複合時制」とは，1つの動詞に分詞(準動詞)を組み合わせることによって初めて成り立つ時制であり，「進行形」「完了形」からなります。
III. 「進行形」は，「進行中の動作(今～している)」を核に，継続，習慣，近未来などを表します。
IV. 「完了形」は，「過去のある時点での行為の結果」を表します。

Chapter 3

助動詞：
動詞にニュアンスを加える

記号は「マーキング一覧」を参照

> (A)　You **can** be right.（あなたは正しいかもしれません）
> (B)　I **will** live in Kumamoto.（私は熊本に住むつもりだ）
> (C)　You **may** leave now.（もう行っていいですよ）

1. **助動詞とは？**
   - (ア) 助動詞とは，動詞の雰囲気をより具体的に定める「動詞のパートナー」です。
   - (イ) 助動詞と動詞は必ず「助動詞→動詞」の順に並びます。
   - (ウ) 助動詞の後に来る動詞は，必ず原形になります。
   - (エ) 助動詞の疑問文や否定文の作り方は，be 動詞の場合と同じです。
   - (オ) マーキング：助動詞に波線　　　を引きます。

2. **様々な助動詞**
   - (ア) can：「可能性（ありえる）」を核に，「能力（できる）」「許可（〜してもよい）」などを表します。
   - (イ) will：「主語の意志（〜するつもりである）」を核に，「単純未来（〜だろう）」「話し手の確信ある推測（必ずや〜する［になる］だろう）」などを表します。
   - (ウ) shall：「義務（〜すべきである）・当然（〜であるはずである）」を核に，「相手の意向を尋ねる」「(話し手個人の意志を超えるような)非常に強い意志を表す」「命令・規定を表わす」時などに使います。
   - (エ) may：「力がある→可能である」を核に，「許可（〜してもよい）」と「推量（〜かもしれない）」「祈願・願望（願わくは…ならんことを）」などを表します。
   - (オ) must：「話し手の強い意志」を核に，「義務・必要（〜せねばならない）」，「必然（必ず〜する）」，「推定（〜にちがいない）」などを表します。
   - (カ) could, would などの変化形は「仮定法」の項で学びます。

語数：65 語　目標：22 秒（　　　）

STEP1　助動詞（　　）を含む以下の例文にマーキングしましょう。
（これまでに学んだマークは全てマーキングしてください）

① It can be correct.（それは合っているかもしれない）

② You can stay in this room.（この部屋にいてもいいですよ）

③ Will you go with me and my sister?（私と妹と一緒に行ってくれますか？）

④ It will be cloudy the day after tomorrow.（明後日は曇りだろう）

⑤ Shall I open the door?（そのドアを開けましょうか？）

⑥ Shall we go now?（もう行きましょうか？）

⑦ You may eat anything on the table.（テーブルの上のものは何でも食べていいですよ）

⑧ May God be with you!（願わくはあなたに神の御加護があらんことを！）

⑨ I must go to school right away.（すぐに学校に行かねばなりません）

⑩ That old man must be a teacher.（あの老人は教師にちがいない）

STEP 2 以下の空欄に単語を補充しましょう。

① 放課後にJohnと一緒に勉強するつもりですか？
（　　　　　）you study with John after school?

② 私は必ずその問題を1週間で解きます。
I（　　　　　）solve the problem in a week.

③ 願わくは新年があなたに幸福をもたらしますように。
（　　　　　）the New Year bring you happiness!

STEP 3 単語を並べ替えて，日本語に合う英文をつくりましょう。

① その14歳の容疑者は嘘をついているに違いない。
(be, suspect, lying, fourteen-year-old, the, must)
_____

② 次の週末はうまくいけば雪だろう。(hopefully, weekend, it, snow, next, will)
_____

③ その協議会の会合は公開とする。(meetings, the, be, public, council, of, shall, the)
_____

STEP 4 助動詞を使って，英作文しましょう。

① 私のコンピュータはどこかおかしいに違いない。
_____ something wrong with my computer.

② 私は必ず今月末の試験に合格します。
_____ the exam at the end of this month.

③ 欲望と野心なしに，夢をかなえることはできない。
_____ your dream without desire and ambition.

今日のポイント

I. 助動詞と動詞は必ず「助動詞→動詞」の順に並び，助動詞の後に来る動詞は原形になります。
II. 助動詞の疑問文や否定文の作り方は，be動詞の場合と同じです。
III. 助動詞は，can, will, may など，それぞれの根本的な意味を押さえておけば十分です。

Chapter 4

受動態：
第2段階の4つのツールを自在に組み合せるところまで

記号は「マーキング一覧」を参照

> (A) Mike **wrote** this book.（Mike がこの本を書いた）
> (B) **Are** you **surprised** at the news?（あなたはその知らせに驚いていますか？）
> (C) She **may not have been informed** correctly.
> 　（彼女は情報を正しく伝達されなかったのかもしれない）

1. 能動態
   - (ア) 文のあり方において，動詞の動作が主語から目的語に及ぶものを「能動態」といいます。
   - (イ) 典型的には，「主語は目的語を〜する」という意味になります。上記の例文(A)はその例です。

2. 受動態
   - (ア) 主語が動詞の動作の対象となるものを「受動態」といいます。
   - (イ) 典型的には，「主語は〜される」という意味になります。上記の例文(B)はその例で，より説明的に和訳すると「あなたはその知らせに驚かされましたか」になります。
   - (ウ) 受動態は，「be 動詞＋過去分詞」で表し，その動作の行為者は典型的には by（〜によって）で表します。（ただし，by 以下は省略されることが多い）
   - (エ) 受動態が好まれるのは，特に「感情を表す時」「動詞の動作の行為者をぼかす時」「公式である（と印象づけたい）時」の3つです。
   - (オ) マーキング：○□に加え，過去分詞に▽をつけます。

3. 第2段階のまとめ
   - (ア) 4つのツール（文の種類，時制，助動詞，態）を自在に組み合わせ，相当に細かなところまでニュアンスを出すことができます。
   - (イ) 上記の例文(C)はその例で，「否定文＋助動詞 may＋完了時制＋受動態」になっています。

✿ 語数：64 語　⌚ 目標：22 秒（　　　）

STEP1 第2段階で学んだ全ての動詞の操作およびその組み合わせに注意して，以下の例文にマーキングしましょう。（これまでに学んだマークは全てマーキングしてください）

① I was informed incorrectly.（私は誤報されたのです）

② This song is known all over the world.（この歌は世界中で知られている）

③ English is spoken in many countries.（英語は多くの国で話されている）

④ This book is written in French.（この本はフランス語で書かれている）

⑤ George was liked by everybody in class.（George はクラスの誰もから好かれていた）

⑥ We are bored with the history class.（私たちは歴史のクラスにうんざりしている）

⑦ Your support is much appreciated.（あなたのご支援はとても感謝されています）

⑧ He may have stolen the money.（彼はその金を盗んだかもしれない）

⑨ She must have liked Mike.（彼女は Mike を好きだったに違いない）

⑩ A new house will be built here in a month.（新しい家が1軒, 1ヶ月でここに建てられるだろう）

STEP2　以下の空欄に単語を補充しましょう。

① 彼らはその結果に失望している。

　　They（　　　　　　）disappointed with the result.

② 3つの重要な会合が今日の午後に予定されている。

　　Three important meetings are（　　　　　　）this afternoon.

③ Jack は昨夜この町にいたに違いない。

　　Jack must（　　　　　　）been in town last night.

STEP3　単語を並べ替えて，日本語に合う英文をつくりましょう。

① 私は，間違った住所をもらったのです。(address, a, was, given, I, wrong)

_____

② Mary は2晩前に David と一緒にいたはずがない。
(nights, been, David, with, cannot, have, two, ago, Mary)

_____

③ 中東和平交渉の再開は，来週月曜に予定されている。

(Monday, scheduled, talks, is, for, next, of, the, the, East, peace, resumption, Middle)

_____

STEP4　動詞の操作に注意して，英作文しましょう。

① 現在の日本の人口は1億3000万人と見積もられている。

The present Japanese population _____.

② 彼女は情報を正しく伝達されなかったのかもしれない。

She _____ informed correctly.

③ この薬は子どもの手の届かないところにしまっておかねばならない。

This medicine _____ of the hands of children.

今日のポイント

I. 動詞の動作が主語から目的語に及ぶものを「能動態」といい，「主語は目的語を～する」という意味になります。

II. 主語が動詞の動作の対象となるものを「受動態」といい，「主語は～される」という意味になります。

III. 英文法の第2段階の4つのツール（文の種類，時制，助動詞，態）を自在に組み合わせ，相当に細かなところまでニュアンスを出すことができます。

Chapter 5 冠詞：
冠詞の基本から冠詞の位置と省略まで

記号は「マーキング一覧」を参照

(A) He is **an** English teacher.（彼は英語教師だ）

(B) I don't have **a** friend in this school.（私は，この学校に友達が1人もいない）

(C) **The** universe is filled with mystery.（宇宙は神秘に満たされている）

1. 冠詞とは？
   - (ア) 名詞の前に置かれる，定不定を示す限定詞を「冠詞」といいます。
   - (イ) 冠詞には，「定冠詞」と「不定冠詞」があります。

2. 不定冠詞 (a, an)
   - (ア) これはもともと one から転じたもので，数えられる単数名詞の前につき，基本的にはそれが不特定であることを示します。（例：an apple ［1つのリンゴ］）

3. 定冠詞 (the)
   - (ア) 指示形容詞の that（あの）から転じたもので，次にくる名詞を限定(特定)する場合に用いられます。なお，これは単数・複数，数えられる名詞・数えられない名詞を問いません。（例：the apple ［そのリンゴ］，the apples ［それらのリンゴ］）

4. 冠詞の性質
   - (ア) 多くの場合，冠詞の有無によって可算不可算を判定できます。
     - ① 可算：an apple（「数えられるもの」としての単数のりんご）
     - ② 不可算：apple（「数えられない物質」としてのりんご〜すりりんごなど）
     - ③ 複数：apples（「数えられるもの」としての複数のりんご）
     - ※ 英語では複数および不可算では原則として無冠詞となります。
   - (イ) 冠詞は，名詞句の中では一番外側にあるのが原則です。（例：a very kind person ［「冠詞 a →形容詞句 very kind →名詞 person」という標準的な語順です］）
   - (ウ) (イ)には，一部に例外があります。（例：so kind a person ［形容詞句 so kind が強調のために前に出て，a person を修飾しています。一種の倒置と考えてください］）

🌸 語数：63語　⏱ 目標：21秒（　　　）

STEP1 冠詞に注意して，以下の例文にマーキングしましょう。
（これまでに学んだマークは全てマーキングしてください）

① She is a high school student.（彼女は高校生だ）

② He doesn't know a thing about Japan.（彼は日本について何ひとつ知らない）

③ In a sense, you are right.（ある意味では，あなたは正しい）

④ Jack emails me twice a week.（Jack は1週間につき2回，私にEメールを送ってくる）

⑤ She is very good at the guitar.（彼女はギターがとてもうまい）

⑥ I knew all the people in the room.（私は，その部屋の中にいる人を全員知っていた）

⑦ The Mississippi is my favorite river.（ミシシッピ川は，私のお気に入りの川だ）

⑧ She is a very diligent student.（彼女はとても勤勉な学生だ）

⑨ He took her by the arm.（彼は彼女の腕をつかんだ）

⑩ I thought quite the opposite.（私は正反対のことを考えた）

STEP2　以下の空欄に単語を補充しましょう。

① これらの写真はある角度からの東京をとらえている。
　　（　　　　　）photographs capture Tokyo from an angle.

② 彼は私の顔を殴った。
　　He hit me in（　　　　　）face.

③ 私は，食事のはじめには，パンとバターを好む。
　　I like（　　　　　）bread and butter at the beginning of the meal.

STEP3　単語を並べ替えて，日本語に合う英文をつくりましょう。

① その店では，ロープをメートル単位で売っている。
　　(by, sell, the, they, store, ropes, the, meter, at)

＿＿＿＿＿＿＿＿＿＿＿＿＿＿＿＿＿＿＿＿＿＿＿＿＿＿＿＿＿＿

② その姉妹は両者とも，その自動車事故から生還した。
　　(accident, alive, came, out, the, car, both, the, of, sisters)

＿＿＿＿＿＿＿＿＿＿＿＿＿＿＿＿＿＿＿＿＿＿＿＿＿＿＿＿＿＿

③ 空港にいる誰もが，大統領と夫人を歓迎した。
　　(welcomed, everybody, the, the, and, First, Lady, airport, in, President)

＿＿＿＿＿＿＿＿＿＿＿＿＿＿＿＿＿＿＿＿＿＿＿＿＿＿＿＿＿＿

STEP4　冠詞に注意して，英作文しましょう。

① 金持ちが幸せとは限らない。
　　＿＿＿＿＿＿＿＿＿＿＿＿＿＿＿＿＿＿＿＿ are not always happy.

② 私はその詩人とその小説家を訪ねたことがある。
　　I have visited ＿＿＿＿＿＿＿＿＿＿＿＿＿＿＿＿＿＿＿．

③ 私の父はウイスキーソーダを1杯注文した。
　　My father ordered ＿＿＿＿＿＿＿＿＿＿＿＿＿＿＿＿＿＿＿．

今日のポイント

I. 冠詞には，「定冠詞」と「不定冠詞」があります。
II. 不定冠詞(a, an)は，数えられる単数名詞の前につき，それが不特定であるのを示します。
III. 定冠詞(the)は，次にくる名詞を限定（特定）する場合に用いられます。
IV. 冠詞は，名詞句の中では一番外側にあるのが原則だが，一部に例外があります。

Chapter 6

代名詞①：
総論，人称代名詞，指示代名詞

記号は「マーキング一覧」を参照

> (A) **She** doesn't like apples very much.（彼女はリンゴがあまり好きではない）
>
> (B) Linda is **my** sister.（Linda は私の妹だ）
>
> (C) Emily met **him** last night.（Emily は昨夜，彼に会った）

1. **代名詞とは？**
   - (ア)「名詞に代わる言葉」であり，多くの場合，ある種の接続詞として働きます。なぜなら，前に出てきた名詞とその代名詞が同一であるということは，これらを含む文と文や段落と段落がつながることを示しているからです。
   - (イ) 代名詞には，以下があります。
     - ① 人称代名詞：話し手，受け手，第三者を指す代名詞。
     - ② 指示代名詞：現場にあるものや文脈・記憶の中のものを指して用いる代名詞。
     - ③ 所有代名詞：「〜のもの」を表す代名詞。
     - ④ 再帰代名詞：主語など，その文のなかで先に現れた要素と同一であることを示す代名詞。
     - ⑤ 疑問代名詞：疑問文を構成する代名詞。
     - ⑥ 不定代名詞：不特定の人・物・数・量を表す代名詞。

2. **人称代名詞**
   - (ア) 一般に，話し手を指す1人称，受け手を指す2人称，それ以外の人・物を指す3人称に分けられ，単数・複数が区別されます。
   - (イ) 人称代名詞を重ねる場合，2人称→3人称→1人称の順序に並べるのが一般的です。
     例) You and I（あなたと私），You and he（あなたと彼），You, he and I（あなたと彼と私）

3. **指示代名詞**
   - (ア) this（その複数形の these）は，時間的・空間的・観念的に比較的近いものを指す時に用います。（日本語の「これ」に近い感じです）
   - (イ) that（その複数形の those）は，比較的遠いものを指す時に用います。（日本語の「あれ」に近い感じです）

✽✽

❀ 語数：47 語　⏱ 目標：16 秒（　　　）

STEP1　代名詞に注意して，以下の例文にマーキングしましょう。
（これまでに学んだマークは全てマーキングしてください）

① Are you from China?（あなたは中国出身ですか？）

② He is American.（彼はアメリカ人だ）

③ This is my book.（これは私の本だ）

④ Is this your computer?（これはあなたのコンピュータですか？）

⑤ Jack sometimes helps me with my homework.（Jack はときどき私の宿題を手伝ってくれる）

18

⑥ Mike often talks about you.（Mike はしばしばあなたのことを話す）

⑦ We had a long winter last year.（私たちは昨年，長い冬を過ごした）

⑧ That cup is mine.（そのカップは私のだ）

⑨ I introduced myself to her.（私は彼女に自己紹介をした）

⑩ I saw it myself.（私はこの目でそれを見た）

STEP2 以下の空欄に単語を補充しましょう。

① これはあなた方へのささやかな贈り物です。
   This is a small present for（　　　　　）.

② 彼女はわざわざ私に会いにはるばる来てくれた。
   She came all the way to see me（　　　　　）.

③ 彼はいつもあれこれと考えている。
   He is always thinking about（　　　　　）and that.

STEP3 単語を並べ替えて，日本語に合う英文をつくりましょう。

① 机の上のこのノートは彼女のものではない。(desk, is, hers, notebook, this, on, the, not)
_____

② あなたと彼女は昨夜のパーティに行きましたか？(to, you, night, did, go, the, party, she, and, last)
_____

③ この材料は，木のような手触りだ。(like, this, feels, texture, wood, the, material, that, of, of)
_____

STEP4 代名詞に注意して，英作文しましょう。

① あなたと彼と私は一緒に育ちました。
_____ grew up together.

② 彼の新しい家はまさにその角を曲がったところだ。
_____ is right around the corner.

③ 親友の結婚式のために，彼女は自分用に新しいドレスをつくった。
   She _____ a new dress for her best friend's wedding.

今日のポイント

I. 代名詞は，多くの場合，ある種の接続詞として働きます。

II. 人称代名詞は，話し手，受け手，第三者を指す代名詞で，話し手からの距離感によって区別されます。

III. 指示代名詞は，現場にあるものや文脈・記憶の中のものを指して用いる代名詞で，近いものを this，遠いものを that で表します。

Chapter 7 代名詞②：
疑問代名詞，不定代名詞

記号は マーキング一覧 を参照

(A) Who is that man?（誰ですか，あの男は？）
(B) What are you talking about?（何をあなた方は話しているのですか？）
(C) One must respect one's parents.（人は自分の両親を尊敬して当然だ）

1. 疑問代名詞とは？
   (ア) 疑問の意味を表す代名詞で，who（だれ），what（何），which（どちら）の3つがあります。

	人（だれ）	人・物（なに）	人・物（どちら）
主　格	who	what	which
所有格	whose	—	—
目的格	whom	what	which

   (イ) who：人について尋ねる場合に用いられ，主格(who)，所有格(whose)，目的格(whom)の3つの格に変化します。
   (ウ) what：人にも物にも用いられます。人の場合には，「誰(who)」ではなく「何者」（身分，社会的地位，職業など）と尋ねる時に用いられます。なお，what には主格と目的格はありますが，所有格はありません。
   (エ) which：限定された選択肢の中から「どちら（どれ）」を選ぶかと問う時に，人，物を問わず用いられます。what と同様，which にも所有格はありません。

2. 不定代名詞とは？
   (ア) 特定のものを指さず，漠然と不定の人・事物・数量などを表す代名詞です。
   (イ) 不定代名詞はセットで覚えると効率的です。例）one（1つ）／none（1つもない），another（もう1つ），others（他の人／物），the other(s)（残りの人／物），both（両方）／all（全部），either（どちらか）／neither（どちらもない）

語数：68語　目標：23秒（　　　）

STEP 1　代名詞に注意して，以下の例文にマーキングしましょう。
（これまでに学んだマークは全てマーキングしてください）

① Who bought that book?（誰がその本を買ったのですか？）
② Who are you looking for?（誰をあなたは探しているのですか？）
③ What did you buy at the store yesterday?（昨日，その店で何を買いましたか？）
④ What will you give her on her birthday?（彼女の誕生日に何をあげるつもりですか？）
⑤ Which girl is older?（どちらの女の子が年上ですか？）
⑥ Whose dog is it?（誰の犬ですか，それは？）
⑦ One must be nice to his or her friends.（人は友達に対して親切で当然だ）

⑧ I haven't met some of them in person.（彼らのうちの何人かには，私は直接には会っていない）
⑨ Each of us turned in three essays last semester.
（我々はめいめいが先学期に小論文を3本出した）
⑩ Either of them is good enough for a beginner.（それらのどちらでも，初心者には十分だ）

STEP2　以下の空欄に単語を補充しましょう。

① 誰の家ですか，あれは？
　　（　　　　　）house is that?

② 私の生徒の誰でも，一瞬でその問題に答えられます。
　　（　　　　　）of my students can answer that question in a moment.

③ 私は，その交通事故については詳細にわたって1つ残らず知っています。
　　I know（　　　　　）detail about that traffic accident.

STEP3　単語を並べ替えて，日本語に合う英文をつくりましょう。

① 彼らは2人とも Mick のことを気に入らなかった。(them, Mick, of, neither, liked)
_____

② 誰のですか，床の上のこれらのノートは？ (are, the, notebooks, whose, on, floor, these)
_____

③ 最近，私たちの元クラスメイトに，誰か1人でも会ったことある？
(our, recently, you, any, of, have, old, classmates, met)
_____

STEP4　代名詞に注意して，英作文しましょう。

① 何をあなたは待っているのですか？
_____ you waiting for?

② 彼らの誰も，私に賛成しなかった。
_____ agreed with me.

③ 私は昨夜のそのパーティの参加者を全員は覚えていない。
I _____ the participants of the party last night.

今日のポイント

I. 疑問の意味を表す代名詞を「疑問代名詞」といい，who（だれ），what（何），which（どちら）の3つがあります。
II. 特定のものを指さず，漠然と不定の人・事物・数量などを表す代名詞を，「不定代名詞」といいます。
III. 不定代名詞は，one（1つ）／none（1つもない）などのセットで覚えると効率的です。

Chapter 8

準動詞①：
to 不定詞（未来分詞）～英文法の第3段階イントロ

記号は「マーキング一覧」を参照

> (A) I want you **to eat**.（私はあなたが食事するのを欲する→私にあなたに食事してほしい）
> (B) It's hard for me **to say** no to you.（難しいです，私があなたにノーというのは）
> (C) I'm too tired **to go** out.（私は疲れ過ぎて，外出できない）

1. 準動詞（英文法の第3段階）とは？
    - (ア) 動詞が変化して，センテンスの中で動詞以外（名詞，形容詞，副詞）の役割を担うものを，準動詞（分詞）といいます。「車が走る」の「走る」は動詞ですが，「走っている車が見える」の「走っている」は「車」を修飾する形容詞（準動詞）です。
    - (イ) 準動詞は動詞の変化形なので，「動作主」が必要です。例えば，「あなた自身が行くことが重要です」は，「誰が行くのか」をはっきりさせており，「あなた自身」は「行くこと」という準動詞の動作主です。そこで，準動詞を▽，その動作主を△でマーキングします。すなわち，「○□ピリオド（1文中に主語と動詞は1つずつ）」という原則を守りつつ，より複雑なことをいえるようにするのが，この第3段階（準動詞）なのです。
    - (ウ) 準動詞は4種類あり，これらは時制によって「形」が異なります。

2. to 不定詞（未来分詞）
    - (ア) 意味：これからする（まだしていない）動作を表します。例えば，例文(A)の"to eat"は，「食事してほしい」のですから，まだしておらず，準動詞の中で to 不定詞に最もなじみます。これを踏まえ，筆者は to 不定詞を「未来分詞」と呼んでいます。
    - (イ) 形：to＋動詞の原形
      「①△の明示が原則，②○と△が一致している場合は△を省く」が原則。②については，例えば，自分自身が食事をしたいのであれば，"I want me to eat."と，文の主語 I と一致する準動詞の動作主 me を省略します。

***

🌸語数：68 語　⏱目標：23 秒（　　　）

***

STEP1 　to 不定詞（▽）およびその動作主（△）を含む以下の例文にマーキングしましょう。
（これまでに学んだマークは全てマーキングしてください）

① I need to stay here.（私はここにいる必要がある）

② Do you want me to say something?（私に何か言って欲しいのですか？）

③ I don't know where to go.（私は分からない，どこに行くべきか）

④ I want something to eat.（私は欲しい，何か食べるものを）

⑤ I went to the store to buy a notebook.（私はその店にノートを買いに行った）

⑥ He is old enough to take care of himself.（彼は自立して当然の年齢だ）

22

⑦ I'm happy to be here.（ここにいられて嬉しいです）

⑧ It's difficult for me to speak English.（難しいです，私にとって英語を話すのは）

⑨ The computer is easy to use.（そのコンピュータは使いやすい）

⑩ The tree was too tall for us to climb.（その木は高すぎる，私たちが登るには）

STEP2 以下の空欄に単語を補充しましょう。

① とても親切ですね，私たちを駅まで連れて行ってくださるなんて。

　　It is very kind（　　　　　）you to take us to the station.

② その機械は触ると危険です。

　　This machine is dangerous（　　　　　）touch.

③ 彼は眠すぎて，起きていられなかった。

　　He was（　　　　　）sleepy to stay awake.

STEP3 単語を並べ替えて，日本語に合う英文をつくりましょう。

① 重要なのは，いい食べ物を食べることだ。(good, important, is, to, eat, the, thing, food)
_____

② 私は時間を潰すためにここに来たのではありません。(kill, here, didn't, to, time, I, come)
_____

③ その知らせを聞いて衝撃を受けています。(hear, am, to, the, shocked, news, I)
_____

STEP4 to 不定詞（未来分詞）を使って，英作文しましょう。

① 私はいつ彼に話しかければよいか分からない。

　　I don't know _____.

② 簡単ではありません，わたしにとって日本語を話すのは。

　　It's not easy _____.

③ 彼女は賢いです，クラスメイトを教えるほど。

　　She is smart _____.

今日のポイント

I. 準動詞は，動詞ではない。しかし，動作を表すため，「動作主」を必要とします。

II. 準動詞は，時制（時間感覚）のちがいによって，全部で4種類あります。

III. 不定詞（未来分詞）は，「これからする動作（まだしていない動作）」を表します。

Chapter 9 準動詞②：現在分詞

> (A) I heard her **singing**.（私には彼女が歌っているのが聞こえた）
> (B) **Reading** books is fun.（本を読むのは楽しい）
> (C) She talked with her eyes **shining**.（彼女は目を輝かせて話した）

1. 現在分詞とは？
   - (ア) 意味：「今この瞬間（もしくは「その瞬間」）にしている動作」「一般的な動作（〜すること）」のいずれかを表します。
   - (イ) 形：動詞の原形＋語尾 ing
   - (ウ) 通常，学校教育では ing を「現在分詞」と「動名詞」に分けます。これにはそれなりの理由があるのですが，本書ではあえてこれらをひとまとめにし，「現在分詞の形容詞的用法，名詞的用法，副詞的用法」とします。現在分詞の名詞的用法のことを「動名詞」と呼ぶと考えれば理解しやすいからです。
   - (エ) マーキング：to 不定詞（未来分詞）同様，現在分詞に▽，その動作主に△をつけ，全ての用法において「①△（準動詞の動作主）の明示が原則，②○（センテンスの主語）と△が一致している場合は△を省く」というルールが適用されます。

2. 形容詞的用法
   上記の例文(A)は，この一例です。「I は heard した，her が singing しているのを」，すなわち「○が□する，△が▽するのを」という関係が成立しています。

3. 名詞的用法〜名詞は，文の主語，目的語，補語の３つになることができます。
   上記の例文(B)は，この一例で，現在分詞 reading が文の主語になっています。

4. 副詞的用法〜分詞構文
   - (ア) 分詞構文の特徴は，接続のあいまいさで，日本語でこれに一番近いのは，「〜して」「〜で」です。（例えば，「雨が降ったので，釣りに行かなかった」と「雨が降って，釣りに行かなかった」を比べてみてください。後者に近いのが分詞構文です）

語数：74 語　目標：25 秒（　　　）

STEP 1　現在分詞（▽）およびその動作主（△）を含む以下の例文にマーキングしましょう。（これまでに学んだマークは全てマーキングしてください）

① She saw him walking home.（彼女には彼が歩いて家に帰っているのが見えた）
② Do you like playing soccer?（あなたはサッカーをするのが好きですか？）
③ My hobby is reading books.（私の趣味は，本を読むことだ）
④ Is winning this game so important to us?
　（この試合に勝つのは，私たちにとってそんなに大切ですか？）
⑤ It was fun talking to you.（とても楽しかった，君と話して）
⑥ I can't breathe with you looking at me.（私は息ができない，あなたが私を見ていると）

⑦ Weather permitting, let's go fishing together.（天候が許せば，一緒に釣りに行きましょう）
⑧ Walking in the park, I ran into Jack.（公園を歩いていて，Jack に出くわした）
⑨ Not knowing who to talk to, he was just looking around.
（誰に話しかけてよいか分からず，彼はただ辺りを見回していた）
⑩ Having read the book once, I found it boring to read again.
（その本をすでに一度読んでいて，もう一度読むのは退屈だと感じた）

STEP 2　以下の空欄に単語を補充しましょう。

① その人物が誰かも知らず，Ellie は彼について行った。
　Not（　　　　　）who the person was, Ellie followed him.
② 一般的に言って，日本人は内気だ。
　Generally（　　　　　）, Japanese are shy.
③ 私たちの目標は，この試合に勝つことではない。
　Our goal is not（　　　　　）this game.

STEP 3　単語を並べ替えて，日本語に合う英文をつくりましょう。

① よくないことだ，テレビを1日中みるのは。(day, good, not, TV, all, watching, it's)
_____

② 天気が悪い方に変わって，私たちは出掛けないことにした。
(decided, worse, the, changing, go, for, the, we, not, to, out, weather)
_____

③ 二度同じ試験に落ちていて，彼女は今年の試験の前にとても神経質になっていた。
(having, before, year, failed, was, very, same, she, this, nervous, the, exam, the, twice, exam)
_____

STEP 4　現在分詞を使って，英作文しましょう。

① まだ子供で，私は何も知らなかった。
_____, I didn't know anything.
② 証拠から判断すると，その容疑者は有罪だ。
_____, the suspect is guilty.
③ アメリカに住んだことがなくて，私は自分の英語に自信がない。
_____, I'm not confident with my English.

今日のポイント

I. 「現在分詞」は準動詞の一種であり，「今この瞬間（もしくは「その瞬間」）にしている動作」「一般的な動作（〜すること）」のいずれかを表します。
II. 現在分詞には，形容詞的用法，名詞的用法，副詞的用法があります。
III. to 不定詞（未来分詞）同様，全ての用法において，「① △（準動詞の動作主）の明示が原則，② ○（センテンスの主語）と △ が一致している場合は △ を省く」というルールが適用されます。

Chapter 10 準動詞③：過去分詞

記号は マーキング一覧 を参照

(A) I am **surprised**.（私は驚いている）
(B) I ate a **cooked** apple.（私は調理済みのリンゴ[料理されたリンゴ]を1つ食べた）
(C) I heard my name **called**.（私には，自分の名前が呼ばれるのが聞こえた）

1. 過去分詞とは？
   - (ア) 意味：「完了（〜してしまった）」「受け身（〜された）」のいずれかを表します。
   - (イ) 形：動詞の原形＋語尾ed（過去分詞には動詞の不規則変化形が多数あります）
   - (ウ) 準動詞は，形容詞的用法，名詞的用法，副詞的用法の3つを押さえますが，過去分詞には名詞的用法はありません。副詞的用法も，現在分詞の分詞構文においてbeingを省略する場合のみです。よって，形容詞的用法を押さえればよいということになります。
   - (エ) 全ての用法において「①△（準動詞の動作主）の明示が原則，②○（センテンスの主語）と△が一致している場合は△を省く」というルールが適用されるのは，to 不定詞（未来分詞），現在分詞と同様です。
   - (オ) マーキング：過去分詞に▽，その動作主に△をつけます。

2. 形容詞的用法
   - (ア) 名詞の前後に過去分詞：上記の例文(B)の "a cooked apple" はその一例。他に，"fallen leaves（落ち葉）"，"The language spoken in that area is Japanese.（その地域で話されている言語は日本語です）" など。
   - (イ) ○□△▽：上記の例文(C)はその一例。「I は heard した，my name が called されているのを（○が□した，△が▽されるのを）」という構造になっていることを確認しましょう。
   - (ウ) with＋過去分詞：She was calm and quiet with her eyes closed.（目を閉じ，彼女は平静だった）
   - (エ) 自動詞の補語：The door remained locked.（その扉はカギがかかったままだった）

❀ 語数：71語　⏱ 目標：27秒（　　　）

STEP1 過去分詞（▽）およびその動作主（△）を含む以下の例文にマーキングしましょう。（これまでに学んだマークは全てマーキングしてください）

① We are not satisfied with the result.（私たちはその結果に満足していない）

② I have lost my wallet.（私は財布をなくして今持っていない）

③ He bought a used car.（彼は中古車[使われた車]を1台買った）

④ The book written by David Stotts is easy to read.
   （David Stottsによって書かれたその本は，読みやすい）

⑤ I had my wallet stolen yesterday.（昨日，私は財布を盗まれた）

⑥ I don't want to hear my idea rejected.（私は，自分の考えが却下されるのを聞きたくない）

⑦ She stayed quiet with her arms folded.（彼女は，腕を組んで黙っていた）

⑧ Please remain seated.（どうぞ椅子に座っていてください）

⑨ The educated are not always smart.（教養のある人が賢いとは限らない）

⑩ Written in Latin, the book on the Roman Empire is very difficult to read.
（ラテン語で書かれていて，ローマ帝国についてのその本は読むのがとても難しい）

STEP2　以下の空欄に単語を補充しましょう。

① 腕と足を縛られて，私は動けなかった。

　　I couldn't move with my arms and legs（　　　　　）．

② 負傷者と瀕死の者がそこに横たわっていた。

　　The（　　　　　）and the dying were lying there.

③ その大きな家に1人残され，Nancy は泣き始めた。

　　（　　　　　）alone in the big house, Nancy started crying.

STEP3　単語を並べ替えて，日本語に合う英文をつくりましょう。

① 1週間前，私は自分の車を洗ってもらった。（ had, ago, my, week, washed, car, I, a ）

＿＿＿＿＿＿＿＿＿＿＿＿＿＿＿＿＿＿＿＿＿＿＿＿＿＿＿＿＿＿＿＿＿＿＿＿

② ゴルフボールによって割れたその窓は，修理する必要がある。
（ to, repaired, needs, window, golf, the, broken, by, a, ball, be ）

＿＿＿＿＿＿＿＿＿＿＿＿＿＿＿＿＿＿＿＿＿＿＿＿＿＿＿＿＿＿＿＿＿＿＿＿

③ ヨーロッパで教育を受け，彼はかなり西洋かぶれになっていた。
（ Europe, educated, Westernized, in, was, quite, he ）

＿＿＿＿＿＿＿＿＿＿＿＿＿＿＿＿＿＿＿＿＿＿＿＿＿＿＿＿＿＿＿＿＿＿＿＿

STEP4　過去分詞を使って，英作文しましょう。

① 私は，我が家の玄関の扉が壊れているのを見つけた。

　　I found the front door of ＿＿＿＿＿＿＿＿＿＿＿＿＿＿＿＿＿＿＿＿＿＿．

② 私は，一昨日，髪を切ってもらった。

　　I had ＿＿＿＿＿＿＿＿＿＿＿＿＿＿＿＿＿＿＿＿＿＿ the day before yesterday.

③ ピカソが描いたその絵に，私は感銘を受けた。

　　I was impressed by the picture ＿＿＿＿＿＿＿＿＿＿＿＿＿＿＿＿＿＿＿＿．

📝 **今日のポイント**

I. 過去分詞は，「完了（〜してしまった）」「受け身（〜された）」のいずれかを表します。

II. 過去分詞は，形容詞的用法を押さえれば十分です。

III. 全ての用法において「①△（準動詞の動作主）の明示が原則，②○（センテンスの主語）と△が一致している場合は△を省く」というルールが適用されるのは，to 不定詞（未来分詞），現在分詞と同様です。

Chapter 11　準動詞④：原形不定詞（事実分詞）

記号は「マーキング一覧」を参照

(A) I heard a baby **cry**.（私には，赤ん坊が泣くのが聞こえた）

(B) You made me **do** this.（あなたが私にこれをさせた）

(C) I will have him **write** you a letter.（彼に，あなたへ手紙を書かせます）

1. 原形不定詞（事実分詞）とは？

　㋐ 意味：動作そのもの（〜すること）を表す。未来分詞，現在分詞，過去分詞と異なり，「時制（時間感覚）」がないのが特徴です。

　㋑ 形：動詞の原形（※動作主の影響を一切受けず，常に原形です。例えば，"I see Jack plays." ではなく "I see Jack play." となります）

　㋒ 働き（使い方）〜事実分詞は，形容詞的用法のみであり，名詞的用法，副詞的用法はありません。以下の3つが代表例です。

　　① 知覚動詞＋事実分詞：上記の例文(A)がこれにあたります。
　　　※ I heard a baby crying.（私には，赤ん坊が泣いているのが聞こえた）と区別しましょう。現在分詞はその動作の継続が前提です。

　　② 使役動詞＋事実分詞：上記の例文(B)(C)がこれにあたります。
　　　※ 事実分詞をとりやすい使役動詞は，make（強制的にさせる），have（させる），let（させてやる）です。

　　③ 慣用句
　　　A) had better＋事実分詞（≒〜した方がよい[さもないと…]）
　　　　You had better believe it.（それを信じた方がいいよ）
　　　B) but＋事実分詞（≒〜すること以外に）
　　　　I did nothing but listen to music last night.（昨夜，私は音楽を聴くこと以外何もしなかった）

　㋓ マーキング：原形不定詞（事実分詞）に▽，その動作主に△をつけます。なお，had better の had は仮定法の一種と考えられますが，ここでは仮定法のマーキングは無視して構いません。

🌸 語数：65語　⏱ 目標：22秒（　　　　）

STEP1　原形不定詞（▽）およびその動作主（△）を含む以下の例文にマーキングしましょう。
（これまでに学んだマークは全てマーキングしてください）

① I saw him run off.（私には，彼が走り去るのが見えた）

② I heard somebody cry out.（誰かが大声で叫ぶのが聞こえた）

③ He made me say so for no reason.（理由もなく，彼が私にそう言わせた）

④ She made me smoke against my will.（私の意思に反して，彼女が私にたばこを吸わせた）

⑤ I will have her go see you.（彼女に，あなたに会いに行かせます）

⑥ My father let me watch TV all night.（私の父は，夜中ずっと私にテレビを観させてくれた）

⑦ My mother let me go out.（私の母は，私に外出させてくれた）

⑧ You had better study hard to pass the exam.
（その試験に合格するために，あなたは一所懸命勉強した方がいい）

⑨ You had better eat it.（あなたはそれを食べた方がいい）

⑩ I did nothing but study.（私は勉強するだけだった）

STEP2 以下の空欄に単語を補充しましょう。

① 私は，彼が宿題をするのを昨夜手伝った。

I helped him（　　　　　　）his homework last night.

② 私には，彼がその通りを歩いて横切るのが見えた。

I saw him（　　　　　　）across the street about ten o'clock last night.

③ 私は彼とぶらぶら出歩く以外何もしなかった。

I did nothing but（　　　　　　）out with him.

STEP3 単語を並べ替えて，日本語に合う英文をつくりましょう。

① 彼らに，あなたの車を修理させます。(fix, car, have, your, I, them, will)

_____

② あなたはすぐに家に帰った方がいい。(right, go, you, better, home, had, away)

_____

③ 私たちは，一昨日彼女が自分の部屋を掃除するのを手伝った。
(room, the, her, day, yesterday, helped, we, before, clean, her)

_____

STEP4 原形不定詞（事実分詞）を使って，英作文しましょう。

① 私の祖父は，私を釣りに同行させてくれた。

My grandfather _____ fishing with him.

② 私たちは，彼らが新しい家を建てるのを2, 3か月前に手伝った。

We _____ a new house a few months ago.

③ 私にはその病院に行く以外選択肢がない。

I have _____ to that hospital.

今日のポイント

I. 原形不定詞（事実分詞）は，未来分詞，現在分詞，過去分詞と異なり，「時制（時間感覚）」がないのが特徴です。

II. 原形不定詞（事実分詞）は，「知覚動詞＋事実分詞」，「使役動詞＋事実分詞」，慣用句の3つを押さえれば十分です。

III. 「①△（準動詞の動作主）の明示が原則，②○（センテンスの主語）と△が一致している場合は△を省く」というルールが適用されるのは，to不定詞（未来分詞），現在分詞，過去分詞と同様です。

Chapter 12

接続詞：
等位接続詞と従属接続詞〜英文法の第4段階イントロ

記号は「マーキング一覧」を参照

(A) [I drank orange juice] **and** [he drank apple juice.]
（私はオレンジジュースを飲み，そして彼はリンゴジュースを飲んだ）

(B) Someone called my name (**when** I entered the room.)
（誰かが私の名前を呼んだ，私がその部屋に入った時に）

(C) (**If** you are interested,) call me.（もし興味があるならば，電話して下さい）

1. 英文法の第4段階とは？
   - (ア) 英文法の第1段階は，「○□．(一文中に主語と動詞は1つずつが原則)」でした。しかし，現実には，より複雑なことをいうためには，複数の○□をつなげる必要が生じます。これを担うのが「接続詞」であり，英文法の第4段階ではこれを学びます。
   - (イ) 接続詞を大別すると，「等位接続詞」と「従属接続詞」に分類されます。

2. 等位接続詞
   - (ア) 働き：2つのセンテンスを単につなげます。
   - (イ) 等位接続詞は，and(そして)，or(もしくは)，nor(も〜ない)，but(〜だが)，yet(にもかかわらず)，so(それで)，for(というのは)の7つのみです。
   - (ウ) マーキング：
     ① 等位接続詞にアンダーライン＿＿。
     ② 等位接続詞で結ばれるセンテンスをそれぞれ大かっこ[ ]でくくります。
     ③ and, or, nor は接続詞の前後の○□に☆。(☆は主たる○□につけます)
     ④ but, yet, so, for は，接続詞の後の○□に☆。(意味的に，接続詞の後ろの○□の方が重要である場合が大半なので)

3. 従属接続詞
   - (ア) 働き：あるセンテンスの一部を，別なセンテンス(○□のかたまり)が担います。より具体的には，名詞節，形容詞節，副詞節の3種類になります。
   - (イ) マーキング
     ① 接続詞に二重線＿＿。
     ② 従属接続詞によって導かれる小センテンスを，従属接続詞ごと小かっこ( )でくくります。
     ③ 小かっこ( )のついていない○□に☆。(こちらの○□が主節であることを意味します)

語数：93語　目標：31秒（　　　）

STEP1 等位接続詞（＿＿）および従属接続詞（＿＿）を含む以下の例文にマーキングしましょう。
（これまでに学んだマークは全てマーキングしてください）

① I went to the library and he went home.（私は図書館に行き，そして彼は家に帰った）

② We leave now or go home.（私たちは今すぐ出発するか，さもなければ家に帰る）

③ Kelly is very cute, but I don't like her very much.
（Kellyはとてもかわいいけれど，私は彼女があまり好きではない）

④ I was very tired, so I went straight home.（私はとても疲れていたので，まっすぐ家に帰った）

⑤ While I was traveling America, I had my wallet stolen twice.
（アメリカを旅行している間に，私は2回財布をすられた）

⑥ Finish your homework before you go out with John.
（宿題を終わらせなさい，John と遊びに行く前に）
⑦ We played cards after we had supper.（私たちはトランプをした，夕食を食べた後に）
⑧ If you don't need the computer, give it to your brother.
（もしそのコンピュータが要らないならば，弟にあげなさい）
⑨ I took a day off because I had a stomachache.（私は休みをとりました，お腹が痛かったので）
⑩ Though it was cold, I went out in a t-shirt.（寒かったけれども，私はTシャツを来て外出した）

STEP2 以下の空欄に単語を補充しましょう。

① 今すぐ出発しなさい，さもないとそのバスに間に合わないから。
　　Leave now, (　　　　　) you will miss the bus.

② この部屋を出てはいけません，仕事が終わるまでは。
　　Don't leave this room (　　　　　) you finish your work.

③ 欠席の場合にのみ，ご返信下さい。
　　Please reply only (　　　　　) you cannot attend.

STEP3 単語を並べ替えて，日本語に合う英文をつくりましょう。

① 物事をありのままに受け入れなさい。(they, take, as, are, things)
　　_____

② 私は，今夜は家にいます，あなたが一緒にその映画に行かないのなら。
　　(will, me, home, go, I, movie, tonight, unless, you, to, the, stay, with)
　　_____

③ 私たちは計画を変更した，時間が残されていなかったので。
　　(time, changed, we, plan, left, we, our, since, no, had)
　　_____

STEP4 等位接続詞と従属接続詞を使って，英作文しましょう。

① Cathy と私は別れた，ちがう学校に進学したこともあって。
　　Cathy and I broke up _____ on to different schools.

② おっしゃりたいことは分かりますが，他の角度からそれを見ることはできませんか。
　　I see your point, _____ at it from another angle?

③ やってみるべきです，たとえ失敗するかもしれないにせよ。
　　You should try _____.

今日のポイント

I. 英文法の第4段階では，「接続詞」（複数の○□のつなげ方）を学びます。
II. 接続詞を大別すると，「等位接続詞」と「従属接続詞」になります。
III. 等位接続詞は，2つのセンテンスを単につなげます。
IV. 従属接続では，あるセンテンスの一部を，別なセンテンス（○□のかたまり）が担います。より具体的には，名詞節，形容詞節，副詞節の3種類になります。

Chapter 13

比較：
原級，比較級，最上級

記号は マーキング一覧 を参照

> (A) You are **as smart** as my sister.（あなたは私の姉と同じくらい賢い）
> (B) My brother is **bigger** than I.（私の兄は私より大きい）
> (C) Jack is the **tallest** student in our class.（Jack はクラスで一番背が高い生徒だ）

1. 比較とは？
   - (ア) 形容詞や副詞を具体化する技術の1つです。（例：「大きい」→「彼より大きい」）比較は比喩の一種と考えることができます。
   - (イ) 英語の比較表現には，大別して，「原級（同じくらい）」「比較級（～よりも…）」「最上級（最も～）」の3種類があります。

2. 原級：「同じくらい」を表します。[上記の例文(A)]
   - (ア) 形：形容詞や副詞を as で挟みます。as の後に来る動詞は，無用な反復を避けるために代動詞にかわったり，省略されたりすることがよくあります。
   - (イ) マーキング：2つ目の as 以下が従属節なので，従属節のマーキングの原則に従って，2つ目の as に二重線　　を引き，それによって導かれる部分を as ごと小かっこ ( ) でくくります。

3. 比較級：「A は B よりも～である」を表します。[上記の例文(B)]
   - (ア) 形：「形容詞・副詞の語尾に er をつける」「形容詞・副詞の前に more を挿入」「不規則変化」のいずれかに，「～よりも」を意味する接続詞 than をつけます。
   - (イ) マーキング　接続詞 than に二重線　　，than に導かれる節を小かっこ ( ) でくくります。

4. 最上級：「最も～である」を表します。[上記の例文(C)]
   - (ア) 形：「形容詞・副詞の語尾に est をつける」「形容詞・副詞の前に most を挿入」「不規則変化」によって最上級を作ります。
   - (イ) マーキング：原級，比較級と異なり，接続詞によって導かれる節（◯□を含むかたまり）を伴わないことが多いです。

語数：80語　目標：27秒（　　　）

STEP 1　比較を含む以下の例文にマーキングしましょう。
（これまでに学んだマークは全てマーキングしてください）

① He does not work as hard as she does.（彼は彼女ほど一所懸命働かない）
② My sister cooks as well as my mother.（私の姉は母と同じくらい料理がうまい）
③ He is not as intelligent as she is.（彼は彼女ほど知的でない）
④ I cannot run quite as fast as you.（私は，あなたほどは速く走れない）
⑤ They read this book more carefully than you.
　（彼らはあなた方よりも注意深くこの本を読んだ）
⑥ Which do you like better, tea or coffee?（どちらがより好きですか，お茶とコーヒーでは）

⑦ You are much more beautiful than my sister.（あなたは私の妹よりずっと美しい）
⑧ This is the highest mountain in the world.（これは世界で一番高い山だ）
⑨ This is the most valuable lesson of all.（これは全ての中で最も価値のある教訓だ）
⑩ Of all sports, I like baseball best.（全てのスポーツの中で，私は野球が一番好きだ）

STEP2　以下の空欄に単語を補充しましょう。

① この映画はあの映画の10倍面白い。

　　This film is ten（　　　　　）as interesting as that one.

② どちらの季節がより好きですか，夏と冬では。

　　（　　　　　）season do you like better, summer or winter?

③ サッカーは全ての中でずば抜けて人気のあるスポーツだ。

　　Soccer is by（　　　　　）the most popular sport of all.

STEP3　単語を並べ替えて，日本語に合う英文をつくりましょう。

① 彼は彼女のようにたくさんは全く飲めない。(can, much, he, nearly, as, cannot, as, she, drink)
　_____

② 彼が内気なせいで，彼女はますます彼が好きだ。
　(all, likes, shy, she, better, because, he, is, him, the)
　_____

③ これは私が今までに食べた中で一番おいしい中華料理だ。
　(is, in, have, this, the, most, Chinese, ever, tasted, my, food, life, I, delicious)
　_____

STEP4　比較を使って，英作文しましょう。

① 私の兄は母ほどピアノがうまくない。

　　My brother does not play the piano _____ my mother.

② 彼らは互いにだんだん疎遠になっています。

　　They are getting _____ from each other.

③ 控え目に言っても，この本は読む価値がある。

　　_____, this book is worth reading.

✎ 今日のポイント

I. 比較とは，形容詞や副詞を具体化する技術の1つです。
II. 英語の比較表現には，大別して，「原級(同じくらい)」「比較級(～よりも…)」「最上級(最も～)」の3種類があります。
III. 原級における2つ目のas以下，比較級におけるthan以下のかたまりが，従属節になります。

Chapter 14 疑問詞節：
if, whether によって導かれる節まで

記号は「マーキング一覧」を参照

(A) I know who that person is. （私は知っている，あの人が誰なのか）
(B) Who did this is clear. （誰がこれをやったかは，明らかだ）
(C) I don't know if Susan will come to the party.
（私には分かりません，Susan がそのパーティに来るかどうか）

1. 疑問接続詞とは？
   (ア) 疑問文において，疑問の焦点となる人や物などを示す語を，「疑問詞」といいます。
   (イ) 疑問詞は，「疑問接続詞」として複数の○□（主語・動詞）を接続することができます。
   (ウ) 疑問詞によって導かれる○□を含むかたまりを，「疑問詞節」といいます。
   (エ) 疑問詞節は基本的に名詞節であり，「主語・補語・目的語」になることができます。
   (オ) 疑問詞節は，「主語・補語・目的語」のいずれの場合も「疑問詞＋主語＋動詞」の語順になります。
   （疑問文の語順ではありません）
   (カ) マーキングは，他の従属節の場合と全く同様です。
      ① 疑問接続詞に二重線 ___ を引きます。
      ② 疑問接続詞によって導かれる節を，疑問接続詞ごと小かっこ ( ) でくくります。
      ③ 小かっこ ( ) でくくられていない方の○□（主節の主語・動詞）に☆をつけます。

2. whether と if
   (ア) これらの接続詞は，いずれも「〜かどうか」という選択的な意味になり，「〜かどうか分からない」などの文を作ります。
   (イ) これら2つは基本的に交換可能ですが，「センテンスの主語になる」「センテンスの補語になる」「前置詞の目的語になる」の3つの場合は whether しか使えないので注意が必要です。
   (ウ) マーキングは，if, whether に二重線 ___ を引き，あとは他の従属節の場合と全く同様です。

語数：79 語　目標：27 秒（　　　）

STEP1 疑問詞, if, whether（いずれも ___ ）を含む以下の例文にマーキングしましょう。
（これまでに学んだマークは全てマーキングしてください）

① I don't know when Jack leaves. （私は知らない，いつ Jack が出発するのか）
② I didn't know where his office was. （私は知らなかった，どこに彼の事務所があるのか）
③ I have no idea who is telling the truth.
   （私にはさっぱり分からない，誰が本当のことを言っているのか）
④ Do you know where Linda is? （あなたは知っていますか，どこに Linda がいるか？）
⑤ The point of this argument is where we build the new factory.
   （この議論の要点は，どこにその新しい工場を建てるべきかだ）
⑥ It is clear who did this. （明らかだ，誰がこれをやったかは）

⑦ It is not clear yet who is responsible for the accident.
（まだ明らかではない，誰にその事故の責任があるかは）

⑧ Why you did it doesn't matter.（なぜ君がそうしたかは問題ではない）

⑨ I don't know if we can make it on time.（私には分かりません，私たちが時間に間に合うかどうか）

⑩ Whether it is possible doesn't matter.（それが可能であるか否かは問題ではない）

STEP2 以下の空欄に単語を補充しましょう。

① 私には分かりません，Jack がその服を気に入るかどうか。

I don't know (　　　　　) Jack will like the cloth.

② 誰が嘘をついているかは，まだ明らかではない。

(　　　　　) is lying is not clear yet.

③ 最も重要なのは，お客様が満足するかどうかだ。

The most important thing is (　　　　　) our customers will be satisfied or not.

STEP3 単語を並べ替えて，日本語に合う英文をつくりましょう。

① なぜ彼女は突然去ったのだと思いますか？（ left, think, suddenly, do, why, you, she ）

_____

② 我々の次の動きは，社長が我々のプランを気に入るかどうかによる。
 (not, likes, on, next, whether, our, move, depends, our, boss, our, plan, or)

_____

③ より重要なのは，我々が誰と一緒にこれに取り組むかだ。
 (thing, is, we, on, work, who, important, the, more, with, this)

_____

STEP4 疑問詞，if, whether を使って，英作文しましょう。

① あの家はいくらだと思いますか？

How much _____ that house is?

② 明々白々だ，誰が本当のことを隠しているかは。

It is obvious _____.

③ 問題は，いつ我々がこのプロジェクトを始めるかだ。

The question is _____.

✎ 今日のポイント

I. 疑問詞は，「疑問接続詞」として複数の○□（主語・動詞）を接続することができます。

II. 疑問詞節は基本的に名詞節であり，「主語・補語・目的語」になることができます。

III. if と whether は，いずれも「〜かどうか」という選択的な意味になり，「〜かどうか分からない」などの文を作ります。

Chapter 15

that節:
基本的な名詞節および副詞節から強調構文まで

記号は「マーキング一覧」を参照

(A) She says (that Japan is a wonderful country.)
 (彼女はいいます，日本は素晴らしい国であると)

(B) There is no proof (that he is innocent.) (彼が潔白であるという証拠はない)

(C) It was so hot today (that I didn't feel like doing anything.)
 (今日はあまりにも暑くて，何もする気にならなかった)

1. that とは？
   (ア) 名詞節と副詞節を導く接続詞です。(関係代名詞としての that は形容詞節を導きます)

2. 名詞節を導く that 〜主に，以下の 5 つのパターンがあります。
   (ア) 主語節を導く(〇が□する[である]ということは)
   (イ) 補語節を導く(〇が□する[である]ということで)
   (ウ) 目的語節を導く(〇が□する[である]ということを)：上記の例文(A)は，これにあたります。
   (エ) 形容詞・自動詞などに続く節を導く(〇が□する[である]ということを)：これは，文法的には副詞節とも考えられますが，意味上他動詞に続く目的語節に類似する名詞節と考えた方がすっきりするので，本書ではそのように扱います。
   (オ) 同格節を導く(〇が□する[である]という…)：この用法では that を略すことはありません。上記の例文(B)は，これにあたります。

3. 副詞節を導く that 〜主に，以下の 4 つのパターンがあります。
   (ア) 感情の原因・理由を表わす(〇が□だから)
   (イ) 判断の基準・根拠を表わす(〇が□するとは)
   (ウ) so [such]...that の形で程度・結果を表わす(〇が□なので[するほど])：上記の例文(C)は，これにあたります。
   (エ) so that, in order that の形で目的を表わす(〇が□するように)

4. マーキング〜他の従属節の場合と全く同様です。
   (ア) that に二重線___を引く。
   (イ) that によって導かれる節を，that ごと小かっこ ( ) でくくります。
   (ウ) 小かっこ ( ) でくくられていない方の〇□(主節の主語・動詞)に☆をつけます。
   (エ) 同格の that の場合は，that 以下が膨らませている名詞と that をカギ⌐で結びます。

❀ 語数：87 語 ⏱ 目標：29 秒 (   )

STEP1 that 節(___)を含む以下の例文にマーキングしましょう。
(これまでに学んだマークは全てマーキングしてください)

① I know that he is a good man. (私は知っている，彼が善良な男だと)

② The fact is that she hit me twice. (実際のところ，彼女は私を二度叩きました)

③ It was the cake that he ate. (そのケーキですよ，彼が食べたのは)

④ He thinks that this project will be a success. (彼は考えています，このプロジェクトは成功すると)

⑤ It is true that he came from France. (本当だ，彼がフランスから来たということは)

⑥ My mother was convinced that that politician was an evil man.
（私の母は信じ込んでいた，その政治家が邪悪な人間であると）

⑦ It seems that you don't like Jack. （あなたは Jack を嫌いなようだ）

⑧ It was in this ballpark that I met you ten years ago.
（この球場でですよ，私が 10 年前にあなたに出会ったのは）

⑨ I'm happy that you are doing great. （あなたが活躍していて，私も嬉しいです）

⑩ I'm not so poor that I cannot buy you lunch. （君に昼食をおごれないほど，私は貧乏じゃないよ）

STEP2 以下の空欄に単語を補充しましょう。

① 彼女が私を振ったという事実は，私には受け入れがたい。
The （　　　　　） that she dumped me is hard for me to take.

② 困ったことに，私は本当に知らないのです。
The （　　　　　） is that I really don't know.

③ 昨日はとても好天の日だったので，私たちは釣りに行った。
It was （　　　　　） a fine day yesterday that we went fishing.

STEP3 単語を並べ替えて，日本語に合う英文をつくりましょう。

① 彼らは不満を言った，日本はどこにも向かっていないと。
(anywhere, they, going, is, Japan, complained, that, not)
_____

② 君は彼女と結婚したいんだろ？ (wish, to, her, marry, you, it, I, take, that)
_____

③ 盲目か，あの赤信号が見えなかったなんて。
(that, didn't, that, light, red, see, blind, you, are, you)
_____

STEP4 that 節を使って，英作文しましょう。

① 確かだ，彼女が英語を得意としていることは。
_____ she is good at English.

② Brian はあまりにも賢くて，教室ではいつも退屈しているようだった。
Brian is _____ seemed bored in classroom.

③ 彼は一所懸命働いた，たくさん稼ぐために。
He worked hard _____ much money.

今日のポイント
Ⅰ. that は，名詞節と副詞節を導きます。
Ⅱ. 名詞節を導く場合も，副詞節を導く場合も，代表的なパターンがあるので，まずはそれを押さえます。
Ⅲ. マーキングは，他の従属節の場合と全く同様です。

Chapter 16

関係詞節①：関係詞の基本的用法

記号は「マーキング一覧」を参照

> (A) He is the boy (**who** broke the door.) (彼がそのドアを壊した少年だ)
> (B) I am reading the book (**which** I bought yesterday.) (私は昨日買った本を読んでいる)
> (C) This is the first house (**that** I sold to a client.) (これは, 私がお客様に売った初めての家だ)

1. 関係詞とは？
   - (ア) 「接続詞＋代名詞＝関係代名詞」「接続詞＋副詞＝関係副詞」です。
   - (イ) 関係詞は, 主として, 先行する名詞(先行詞)を膨らませる形容詞節を導きます。
   - (ウ) マーキング：
     - ① 関係詞に二重線 ＿＿。
     - ② 関係詞に導かれる小センテンスを, 関係詞ごと小かっこ ( ) でくくります。
     - ③ 先行詞と関係詞を弧 ⌒ で結びます。
     - ④ 小かっこ ( ) でくくられていない ○□ に ☆ をつけます。

2. 関係代名詞 〜 who, whose, whom, which, that, what

先行詞	主格(〜は, が)	所有格(〜の)	目的格(〜を, に)
人	who	whose	whom
人以外	which	whose	which
人か否かを問わない	that	なし	that

   - (ア) that の用法：先行詞を特定しやすい場合は, which よりも that が好まれます。
   - (イ) what の用法
     - ① what は先行詞を含んだ関係代名詞で,「〜する／であること(もの)」(＝the thing(s) which)と訳せばよい場合が大半です。
     - ② what が導く節は名詞節で, 主語・補語・目的語の働きを担います。
     - ③ マーキングは, 基本的に, 他の関係代名詞の場合と同じです。ただし, what でくくられた節が主節の主語となる場合には,「what＋○＋□」を大きな丸で囲むことによって明示します。

3. 関係副詞＝接続詞＋副詞(when, where, why, how)
   - (ア) 関係副詞も関係代名詞と同じように先行詞をとります(省略されることもあります)。ただし, 関係代名詞のような格の変化はありません。マーキングは, 関係代名詞の場合と同様です。

語数：93語　目標：31秒 (　　　)

STEP1 関係詞(＿＿)および弧(⌒)を含む以下の例文にマーキングしましょう。
(これまでに学んだマークは全てマーキングしてください)

① We need two assistants who speak French. (私たちはフランス語を話す助手が2人必要だ)

② I know a girl whose father is a doctor. (父親が医者をしている, ある少女を知っている)

③ I know the woman whom you were talking to last night.
(私は, あなたが昨夜話しかけていたその女性を知っている)

④ This is the ring which my mother gave me. (これは, 私の母がくれた指輪です)

⑤ This is the house where we used to live. (これが, 私たちがかつて住んでいた家だ)

⑥ Just go where you want to go. (とにかく行きなさい, あなたの行きたい所へ)

⑦ Do you understand what I am saying?（私の言っていることが分かりますか？）
⑧ Is this what you call "origami"?（これが，あなた方の言う［いわゆる］「折り紙」ですか？）
⑨ What you don't know is that your parents asked me to help you.
（あなたが知らないのは，あなたの両親が私にあなたを助けるように頼んだということだ）
⑩ This is the very document that I have been looking for since two hours ago.
（これは，私が2時間前から探し続けている，まさにその書類だ）

STEP 2　以下の空欄に単語を補充しましょう。

① これが，まさに私があなたにして欲しかったことだ。
　　This is exactly（　　　　　）I wanted you to do.
② これは，私が昨夜あなたの家の近くで見たのと同じ車だ。
　　This is the same car（　　　　　）I saw near your house last night.
③ ここが，TomとJerryが初めて出会った場所だ。
　　This is the place（　　　　　）Tom and Jerry first met.

STEP 3　単語を並べ替えて，日本語に合う英文をつくりましょう。

① 私の父は，日本語を話せるコンピュータを持っている。
　　(speak, computer, Japanese, a, which, my, father, has, can)

② 彼女は，持っていたお金を1円残らずその老女にあげた。
　　(gave, old, she, the, penny, that, woman, every, she, had)

③ 彼は，とても独特だと思った人々や彼らの生活様式について話した。
　　(talked, the, found, very, way, he, people, and, their, of, life, that, he, about, unique)

STEP 4　関係詞を使って，英作文しましょう。

① 彼は，私が今までに会った最も偉大な人物です。
　　He is _____ I have ever met.
② 今こそ，私たちが最善を尽くさねばならない時です。
　　Now is the time _____.
③ 私が今あなたにして欲しいのは，とにかく待つことだ。
　　_____ right now is just wait.

今日のポイント

I.「接続詞＋代名詞＝関係代名詞」「接続詞＋副詞＝関係副詞」。
II. 関係詞は，主として，先行する名詞（先行詞）を膨らませる形容詞節を導きます。
III. 先行詞を特定しやすい場合は，which よりも that が好まれます。
IV. what は先行詞を含んだ関係代名詞で，「〜する／であること（もの）」（＝the thing(s) which）と訳せばよい場合が大半です。

Chapter 17 関係詞節②：
関係詞の応用

記号は「マーキング一覧」を参照

(A) I tried to work something out for my client, **which** I found impossible.
　　（私は双方の利益を図ろうとしたが，それは無理だと分かった）
(B) Is this the photograph you were talking **about** the other day?
　　（これが，あなたが先日話していたその写真ですか？）
(C) The film **that** I saw yesterday was very well done.
　　（私が昨日観たその映画は，とてもよく出来ていた）

1. **先行する節全体を受ける which**
   - (ｱ) 関係代名詞 which が非制限用法で使われる場合，特定の名詞ではなく，先行する節全体を受けることがあります。上記の例文(A)は，その一例です。
   - (ｲ) マーキング：関係代名詞 which とそれが受ける節全体を弧 ⌒ で結びます。（それ以外は関係代名詞のマーキングの原則通りです）

2. **関係詞＋前置詞**
   - (ｱ) 関係詞節においては，前置詞が節の末尾に来ること，それに加えて関係詞が省略されることがあります。上記の例文(B)は，その一例です。
   - (ｲ) マーキング：関係代名詞が省略されている場合，二重線を引く接続詞が見当たりませんが，それ以外は全て関係代名詞のマーキングの原則通りです。

3. **主語が重い形**
   - (ｱ) 関係詞節で最も手ごわいのはこのパターンです。マーキングすると，大半の場合，○○□□ となります。これは，ほぼ確実に○(○□)□ であり，かっこ内の○□ は先頭の○ を膨らませる形容詞的な働きをします。上記の例文(C)は，その一例です。
   - (ｲ) なお，関係詞以外で○○□□ の形をよくとるのは，that を使った「同格」です。
     例）The fact that I've been unemployed for over a year hurts my pride.
     　　（1年以上も仕事がないという事実が，私のプライドを傷つける）
   - (ｳ) マーキングは，関係代名詞の原則通りです。

4. **複合関係詞**
   - (ｱ) 関係詞の語尾に ever がついた，whoever, whatever などをいい，通常これらは先行詞を含むとみなされます。
   - (ｲ) 「どんな〜でも」「たとえ〜だろうと」のいずれかの意味となります。

語数：90語　目標：30秒（　　　）

STEP 1　関係詞（＿＿）および弧（⌒）を含む以下の例文にマーキングしましょう。
　　　　　　（これまでに学んだマークは全てマーキングしてください）

① This is the film that I told you about.（これが，私があなたに話したその映画だ）

② Jack is the smartest boy I know.（Jack は私の知る最も賢い少年だ）

③ This is the car by which I came here.（これが，私がここに来るのに乗って来た車だ）

④ Mike introduced me to more than ten guys, none of whom I was interested in.
　　（Mike は10人以上の男性に私を紹介してくれたが，その中の誰1人として，私は興味を持てなかった）

⑤ Linda asked us to believe her, which was just impossible.
　　（Linda は信じてくれと私たちに頼んだが，それはとにかく不可能だった）

⑥ Whenever you call him, you will find him working.
　　（彼にいつ電話しても，彼が仕事をしているのに出くわしますよ）

40

⑦ Just go wherever you want to go. (あなたが行きたいところに，とにかくどこへでも行きなさい)
⑧ The winners of the game can choose whichever prize they like.
（そのゲームの勝者は，どの賞品でも好きなものを選べます）
⑨ You may choose whichever you like. (好きなものをどれでも選んでいいですよ)
⑩ Milk is something I can't live without.
（牛乳は，私がそれなしでは生きていけないもの[私にとってなくてはならないもの]だ）

STEP2 以下の空欄に単語を補充しましょう。

① 私は，なけなしの金を全部彼女に与えた。I gave her （　　　　　） little money I had.
② 無断で立入りする者は，誰でも処罰されます。
（　　　　　） enters without permission will be punished.
③ 私がしたいのは，家に帰って休むことだけだ。
All （　　　　　） I want to do is go home and take a rest.

STEP3 単語を並べ替えて，日本語に合う英文をつくりましょう。

① どんなに一所懸命練習しても，あなたは彼女に勝てませんよ。
(you, you, can't, her, beat, practice, hard, however)
_____

② あれは私の兄がしょっちゅう行っている本屋だ。
(time, to, bookstore, my, is, that, the, the, brother, goes, all)
_____

③ Ken は一所懸命に言い訳をひねり出そうとしたが，それは状況を少しもよくしなかった。
(excuse, didn't, the, situation, better, which, make, any, an, up, Ken, hard, tried, to, come, with)
_____

STEP4 関係詞を使って，英作文しましょう。

① たとえ何が起きようと，私はあなたについて行きます。
_____, I will follow you.
② 彼女はまさに私が探して続けていた種類（タイプ）の人だ。
She is the very kind of person that _____.
③ 私がその会社で話したその受付係は，私を知っているようだった。
_____ at the company seemed to know me.

📝 今日のポイント

I. 関係代名詞 which が非制限用法で使われる場合，特定の名詞ではなく，先行する節全体を受けることがあります。
II. 関係詞節においては，前置詞が節の末尾に来ること，それに加えて関係詞が省略されることがあります。
III. 関係詞節の絡む「主語が重い形」は，ほぼ確実に○(○□)□であり，かっこ内の○□は先頭の○を膨らませる形容詞的な働きをします。
IV. 関係詞の語尾に ever がついた, whoever などを複合関係詞といい，「どんな～でも」「たとえ～だろうと」を意味します。

Chapter 18

省略と挿入：
省略，挿入，倒置，反語（修辞疑問）～英文法の第5段階イントロ

> 記号は「マーキング一覧」を参照

(A) Ken, **I think,** is telling the truth. （Kenは，私が思うに，本当のことを言っている）
(B) **What a nice guy** he is! （なんていいヤツなんだ，彼は！）
(C) **Who** cares? （誰が気にするの？）

1. 英文法の第5段階とは？
   (ア)「伝えたいことをより効果的に伝えるための，より高度な表現」を中心とする，落ち穂拾いです。
   (イ) 第1段階が英文法の背骨，第2段階が骨格，第3，4段階が肉であるならば，第5段階は「皮」というイメージです。
   (ウ) この段階のツールには，「省略」「挿入」「倒置」「反語」「仮定法」の5つがあります。
2. 省略：前後関係から容易に理解できる要素は，より簡潔明瞭な表現のために省略されます。
3. 挿入
   (ア) 目的：ほとんどの場合，説明・注釈(ニュアンスの決定)を目的とします。
   (イ) 方法：典型的には，コンマで区切って挿入します。(かっこやダッシュを使う場合もあります)
   (ウ) 種類：語，句(かたまり)，節(○□を含むかたまり)の3種類の挿入があります。上記の例文(A)は，節挿入の一例です。
4. 倒置
   (ア) 特定の語句を文頭に出して強調することがあります。疑問文や感嘆文も，一種の倒置と考えることができます。上記の例文(B)は，その一例です。
   (イ) 否定語を文頭に出す倒置は特によく使われるので注意が必要です。
5. 反語：本来主張したいことと反対のことをあえていい，それによって主張のポイントを相手自身に悟らせることがあります。上記の例文(C)は，その一例です。

語数：83語　目標：28秒（　　　）

STEP1　省略，挿入，倒置，反語を含む以下の例文にマーキングしましょう。
（これまでに学んだマークは全てマーキングしてください）

① What a smart girl she is! （なんて賢い女の子なんだ，彼女は！）
② Don't you know any better place? （他にもっといい場所知らないの？）
③ The book I bought yesterday was well written. （昨日買ったその本は，よく書けていた）
④ All that we need now is a computer expert.
   （今我々が必要としているのは，1人のコンピュータ専門家だけだ）
⑤ He opened the window, though he was told not to.
   （彼はその窓を開けた。そうするなと言われたのに）
⑥ Given the last chance, Jack did his best. （最後のチャンスを与えられ，Jackは最善を尽くした）

⑦ I want to see a film you want to see.（私は，あなたの観たい映画を観たい）

⑧ Not a bit of truth did she tell me.（ひとかけらの真実も彼女は私に告げなかった）

⑨ May your day be filled with joy.（あなたの一日が喜びで満たされますように）

⑩ Only one hundred yen did I have in my pocket.（たった100円だけが，私のポケットの中にあった）

STEP2　以下の空欄に単語を補充しましょう。

① 我々の上司は，どうやら，我々がこれまでに成し遂げたことに，まだ満足していないようだ。

　Our boss, it（　　　　　）, has not been pleased yet with what we have done so far.

② 何が明日起こるかなんて，誰が分かりますか？

　（　　　　　）knows what will happen tomorrow?

③ ここにあります，母が1年前に送ってくれた手紙が。

　（　　　　　）is the letter that my mother sent me a year ago.

STEP3　単語を並べ替えて，日本語に合う英文をつくりましょう。

① 私はあなたに嘘をつきました。なぜなら私の上司がそうしろと言ったからです。

　(you, my, told, me, because, boss, lied, I, to)

_____

② 我々にあと2, 3週間ありさえすればなあ。(more, a, few, had, only, if, we, weeks)

_____

③ めったに，私は自分の観た映画に満足したことがない。

　(film, satisfied, have, a, rarely, I, I, been, with, saw)

_____

STEP4　省略，挿入，倒置，反語を使って，英作文しましょう。

① 我々は今年，昨年よりも多くの利潤をあげている。

　We are making much more profit _____.

② 新しい年があなたに幸福をもたらしますように。

　_____ bring you happiness.

③ 大変であることは分かっていますが，好むと好まざるにかかわらず，遅かれ早かれ漢字は学ばねばならないのです。

　I know it's hard, but, _____ *kanji* sooner or later.

今日のポイント

- I. 英文法の第5段階とは，「伝えたいことをより効果的に伝えるための，より高度な表現」のことです。
- II. 第1段階が英文法の背骨，第2段階が骨格，第3, 4段階が肉であるならば，第5段階は「皮」というイメージです。
- III. この段階のツールには，「省略」「挿入」「倒置」「反語」「仮定法」の5つがあります。

Chapter 19

仮定法：
仮定法過去＆過去完了，仮定法現在＆未来，注意すべき構文

記号は「マーキング一覧」を参照

(A) (If Jim didn't say no,) we could move on to the next.
　　（Jimがノーと言わなかったら，私たちは次に進めるのに）
(B) (If I had been you,) I would have apologized immediately.
　　（もし私があなただったら，ただちに謝罪しただろう）
(C) Would you help me?（手伝っていただけたら，助かるのですが）
(D) We demand (that you leave this house within 30 days.)
　　（我々は要求する，あなたが30日以内にこの家から出ていくことを）

1. 仮定法とは？
   - (ア) 「反現実」をあえて語ることによってこちらが本当にいいたいことを相手に想像させる，一種の反語表現です。例えば，現実には「雨が降っているので，外出しない」，仮定法では「雨が降っていなかったら，外出するのに」となります。
   - (イ) マーキングは，仮定法の動詞に二重四角□，助動詞に二重波線〜〜を引きます。

2. 仮定法過去
   - (ア) 「〜だったら，…なのに（実際にはそうではない）」と，現在の事実に反することを想像・願望します。現在のことを語るのに，過去時制で語るのが特徴です。
   - (イ) 上記の例文(A)は，その一例です。

3. 仮定法過去完了
   - (ア) 「〜だったら，…だったのに（実際にはそうではなかった）」と，過去の事実に反することを想像・願望します。過去のことを語るのに，過去完了時制で語るのが特徴です。
   - (イ) 上記の例文(B)は，その一例です。

4. 仮定法未来
   - (ア) 仮定法未来とは，「万一〜ならばなあ」と，未来において容易に起こりそうもないことを述べる表現です。助動詞は，will, shall, can, may ではなく，would, should, could, might を用います。
   - (イ) 上記の例文(C)は，その一例です。

5. 仮定法現在
   - (ア) 仮定法現在とは，現在についての想像・願望，とりわけ「要求・提案・依頼」を表す表現です。
   - (イ) 仮定法現在では，動詞は原形を用います。
   - (ウ) 上記の例文(D)は，その一例です。

* * *

語数：99語　目標：33秒（　　　）

STEP1 仮定法の動詞（□）および助動詞（〜〜）を含む以下の例文にマーキングしましょう。
（これまでに学んだマークは全てマーキングしてください）

① We all wish we could take your class.（我々は皆，あなたのクラスをとれたらと願っています）

② If only I had enough money to start a new business.
（新しいビジネスを始めるのに十分なお金さえあったらなあ）

③ If Dr. Johnson had not scolded me, I would have made the same mistake again.
（Johnson博士が叱ってくれなかったら，私は同じ過ちをまた犯しただろう）

④ If only it had not been so stormy that night.（あの夜，あれほどひどい嵐でさえなかったらなあ）

⑤ What would you do, if it should rain tomorrow?（何をしますか，明日，万一雨が降ったら？）

⑥ Mike would have helped you, if only he had known.
（Mike はあなたを助けてくれたろうに，知ってさえいたら）

⑦ It is necessary that Ted and you start working on it now.
（Ted と君がそれに今取りかかることが必要だ）

⑧ You had better listen to what he says.（彼の言うことに耳を傾けた方がいいよ）

⑨ If it were not for the sun, nothing could live.（太陽がなかったら，何も生きられないだろう）

⑩ It is time you went to school.（もう学校に行く時間だ）

STEP2 以下の空欄に単語を補充しましょう。

① 別の約束がなかったら，あなたの誕生パーティに行くのに。
If I (　　　　　) have another engagement, I would go to your birthday party.

② あんなに忙しくなかったら祖父にもう一度会う機会もあっただろう。
If I (　　　　　) not been so busy, I would have had a chance to see my grandfather again.

③ 彼は私に随分親しげに話しかける，あたかも私の親友であるかのように。
He talks to me with such familiarity, as if he (　　　　　) my best friend.

STEP3 単語を並べ替えて，日本語に合う英文をつくりましょう。

① 私たちがもう一度だけ会えさえしたらなあ。(see, each, just, one, time, only, other, more, we, if, could)

② 彼は私に家賃の分担金をすぐ支払うよう要求した。
(demanded, share, rent, pay, he, that, I, my, of, the, at, once)

③ あなたの支援がなかったら，私は今いる場所にいないでしょう。
(I, wouldn't, your, been, had, not, for, I, be, where, am, now, it, support)

STEP4 仮定法を使って，英作文しましょう。

① その見知らぬ人がその水をくれなかったら，私は死んでいただろう。
If the stranger had not given me the water, ＿＿＿＿＿＿＿＿＿＿＿＿＿＿＿＿＿＿．

② もしあなたが私の両親を彼らの結婚記念日に訪ねて来てくれたら，彼らはとても喜ぶだろう。
If you would come visit my parents on their wedding anniversary, ＿＿＿＿＿＿＿＿．

③ その運送費は半分にできたはずなのに。
The shipping cost ＿＿＿＿＿＿＿＿＿＿＿＿＿＿＿＿＿＿＿＿＿＿＿＿＿＿＿．

今日のポイント

I. 仮定法とは，「反現実」を敢えて語ることによってこちらが本当にいいたいことを相手に想像させる，一種の反語表現です。
II. 仮定法の時制には，過去，過去完了，現在，未来があります。
III. 仮定法過去は現在のことを，仮定法過去完了は過去のことを表します。
IV. 仮定法は特殊なマーキング（二重四角□と二重波線〰）によって，見逃さないように注意しましょう。

Chapter 20

時制の一致：
主節と従属節の時制に関する原則および例外的な場合

記号は マーキング一覧 を参照

(A) He **said** (that he **didn't like** Japan very much.)
（彼はいった，日本があまり好きではないと）

(B) Long before the advent of modern science, they **knew** (that the earth **is** round.)
（近代科学の到来するずっと以前に彼らは知っていた，地球が丸いことを）

(C) He **said** ((if he **wasn't** sick,) he **would play** soccer with us.)
（彼はいった，もし病気でないなら私たちと一緒にサッカーをするのにと）

1. 時制の一致とは？
   - (ア) 英語では，従属節の動詞の時制が主節の動詞の時制の支配を受けるのを原則とします。これを，「時制の一致」といいます。
   - (イ) 時制の一致が適用される場合とそうでない場合があります。これによって大別しておぼえると効率的です。
   - (ウ) 一般に，主節の時制が現在形(完了形及び進行形を含みます)及び未来形の場合には，従属節の時制はそれによって制約されません。よって，主節の時制が過去形の場合に特に注意すればよいことになります。

2. 時制の一致が適用される場合
   - (ア) 主節の時制が過去になると，従属節の時制は，「現在→過去」「現在完了・過去→過去完了」と変化します。上記の例文(A)は，その一例です。
   - (イ) 同様に，助動詞についても「will, shall, can, may → would, should, could, might」とそれぞれ変化しますが，must と ought to は変化しません。
   - (ウ) 時制の一致は，名詞節，形容詞節，副詞節の全てにおいて起こります。

3. 時制の一致が適用されない場合
   - (ア) 従属節の内容が「今もなお続く」と考えられる場合
     ① 普遍的真理・歴史的事実(と現在も考えられていること)：上記の例文(B)は，その一例です。
     ② 現在も続く状態・習慣
   - (イ) 過去と現在を比較する場合
   - (ウ) 仮定法：上記の例文(C)は，その一例です。

✿ 語数：97 語　⏱ 目標：33 秒（　　　）

STEP 1　時制の一致を含む以下の例文にマーキングしましょう。
（これまでに学んだマークは全てマーキングしてください）

① I didn't know if he was still in town.（私は知らなかった，彼がまだこの町にいるかどうか）

② She said she had just finished the homework.（彼女は言った,ちょうど宿題を終えたばかりだと）

③ I thought that she had been lying.（私は思った，彼女は嘘をずっとついていたと）

④ I was sure that he would succeed.（私は確信していた，彼が成功するであろうと）

⑤ He said that he could do it by himself.（彼は言った，それを自分1人でできると）

⑥ She thought that her boss might give her a raise.
（彼女は考えていた，社長が給料を上げてくれるかもしれないと）

⑦ He said that he must leave in five minutes.（彼は言った,5分で出発しなければならないと）

⑧ She said that Jack must have known the truth.
（彼女は言った，Jack は本当のことを知っていたにちがいないと）

⑨ Dr. Stotts said that the first Shogun of the Kamakura Period was Minamoto no Yoritomo.
（Stotts 博士は言った，鎌倉時代の初代将軍は源頼朝であると）

⑩ She told me that she would buy the computer if it was a bit cheaper.
（彼女は私に告げた，もしもう少し安かったら，そのコンピュータを買うのにと）

STEP 2　以下の空欄に単語を補充しましょう。

① 私は知っていた，彼女が長年そこに住み続けていると。
　I knew that she （　　　　　） been living there for years.

② Mark は 2, 3 年前よりも今の方がずっと勤勉だ。
　Mark is much more diligent now than he （　　　　　） a few years ago.

③ 私たちは歴史のクラスで学んだ，2つの原子爆弾が第二次世界大戦の終わり近くに落とされたと。
　We learned in history class that two atomic bombs （　　　　　） dropped near the end of the Second World War.

STEP 3　単語を並べ替えて，日本語に合う英文をつくりましょう。

① 私は思わなかった，彼がその罪を犯したと。(crime, had, I, think, he, the, didn't, committed)

_____

② 彼女は私に一度も電話しなかった，私の助けが必要でない時には。
(need, my, help, never, when, didn't, called, she, me, she)

_____

③ 私たちは1年前の2倍の数の問題を抱えている。
(ago, have, problems, year, had, many, we, twice, as, as, we, a)

_____

STEP 4　未来分詞を使って，英作文しましょう。

① 彼は立ち去りました，何もかもが大丈夫であることを確かめ次第。
　He left as soon as _____.

② 私は知っていた，家族を支えるために3つのパート仕事を抱えている10歳の少年を。
　I knew a ten year old boy _____ to support his family.

③ 私の父は言った，本当にそうしたければ，いつでも喫煙をやめることができると。
　My father said he would be able to quit smoking anytime _____.

> **今日のポイント**
> I. 英語では，従属節の動詞の時制が主節の動詞の時制の支配を受けるのを原則とし，これを「時制の一致」といいます。
> II. 主節の時制が過去になると，従属節の時制は，「現在→過去」「現在完了・過去→過去完了」と変化し，助動詞については「will, shall, can, may → would, should, could, might」とそれぞれ変化するが，must と ought to は変化しません。
> III. 時制の一致が適用されない場合には，従属節の内容が「今もなお続く」と考えられる場合，過去と現在を比較する場合，仮定法などがあります。

| 著作権法上、無断複写・複製は禁じられています。 |

| English Grammar | [NSS-18] |
| ビジュアル英文法 | |

| 第1刷 | 2015年2月10日 |

著 者	黒川　裕一　Yuichi Kurokawa
発行者	南雲　一範　Kazunori Nagumo
発行所	株式会社　南雲堂 〒162-0801　東京都新宿区山吹町361 NAN'UN-DO CO., Ltd. 361 Yamabuki-cho, Shinjuku-ku, Tokyo 162-0801, Japan 振替口座：00160-0-46863 TEL：03-3268-2311（代表）／FAX：03-3269-2486
編集者	丸小　雅臣
組　版	柴崎　利恵
装　丁	Nスタジオ
印刷所	恵友印刷
検　印	省略
コード	ISBN978-4-523-18518-5　　C3382

Printed in Japan

E-mail : nanundo@post.email.ne.jp
URL : http://www.nanun-do.co.jp/